무량공덕 14-1

무비스님 감수

# 천지팔양신주경

도서출판 창
Chang Books

# 독송(讀誦) 공덕문(功德文)

무비 스님

부처님은 범인(凡人)이 흉내 낼 수 없는 피나는 정진(精進)을 통해 큰 깨달음을 이루신 인류의 큰 스승이십니다. 그 깨달음으로 삶과 존재의 실상(實相)을 바르게 꿰뚫어 보시고 의미 있고 보람된 삶에 대하여 가르치셨습니다.

부처님의 가르침을 전하는 사람을 법사(法師)라고 하는데, 법화경(法華經) 법사품(法師品)에는 다섯 가지 법사에 대하여 설파하고 있습니다. 그 첫째는 경전을 지니고 다니는 사람, 둘째는 경전을 읽는 사람, 셋째는 경전을 외우는 사람, 넷째는 경전을 해설하는 사람, 다섯째는 경전을 사경하는 사람입니다. 이 중 한 가지만 하더라도 훌륭한 법사이며, "법사의 길을 행하는 사람은 부처님의 장엄(莊嚴)으로 장엄한 사람이며, 부처님께서 두 어깨로 업어주는 사람이다." 라고 말씀하고 있으니 세상을 살아가면서 이보다 더 큰 보람과 영광이 어디에 있겠습니까?

이번에 제작된 〈무량공덕 독송본〉은 항상 지니고 다니면서 읽고 베껴 쓸 수 있는 경전입니다. 부디 많은 분들이 이 인연 공덕에 함께 하시어 큰깨달음 이루시고 행복하시기를 기원합니다.

독송공덕수승행 무변승복개회향
讀誦功德殊勝行 無邊勝福皆廻向

(독송한 그 공덕 수승하여라,
가없는 그 공덕 모두 회향하여)

보원침익제유정 속왕무량광불찰
普願沈溺諸有情 速往無量光佛刹

(이 세상 모든 사람 모든 생명,
한량없는 복된 삶 누려지이다.)

불기2549(2005)년 여름안거

금정산 범어사 如天 無比 합장

# 천지팔양신주경
天地八陽神呪經

당 삼장법사 의정 봉조역
唐 三藏法師 義淨 奉詔譯

문여시하니 일시에 불이 재비야달마성
聞如是 一時 佛 在毘耶達摩城

요확택중하사 시방이 상수하고 사중이 위요러시나
寥廓宅中 十方 相隨 四衆 圍繞

이시에 무애보살이 재대중중하사 즉종
爾時 無碍菩薩 在大衆中 即從

좌기하여 합장향불하고 이백불언하사대
座起 合掌向佛 而白佛言

세존(世尊)이시여 차염부제중생(此閻浮提衆生)이 체대상생(遮代相生)하야

무시이래(無始已來)로 상속부단(相續不斷)호되 유식자소(有識者少)하고

무지자다(無智者多)하며 염불자소(念佛者少)하고 구신자다(求神者多)하며

지계자소(持戒者少)하고 파계자다(破戒者多)하며 정진자소(精進者少)하고

해태자다(懈怠者多)하며 지혜자소(智慧者少)하고 우치자다(愚癡者多)하며

장수자소(長壽者少)하고 단명자다(短命者多)하며 선정자소(禪定者少)하고

산란자다(散亂者多)하며
부귀자소(富貴者少)하고
빈천자다(貧賤者多)하며

온유자소(溫柔者少)하고
강강자다(剛强者多)하며
흥성자소(興盛者少)하고

경독자다(惸獨者多)하며
정직자소(正直者少)하고
곡첨자다(曲諂者多)하며

청신자소(清愼者少)하고
탐탁자다(貪濁者多)하며
보시자소(布施者少)하고

간린자다(慳悋者多)하며
신실자소(信實者少)하고
허망자다(虛妄者多)하여

치사세속(致使世俗)으로
천박(淺薄)하여
관법(官法)이
도독(荼毒)하며

부역이 번중하고 백성이 궁고하여 소구난
賦役煩重 百姓窮苦 所求難

득은 양유신사도견하여 획여시고일새
得 良由信邪倒見 獲如是苦

유원세존은 위제사견중생하여 설기정
唯願世尊 爲諸邪見衆生 說其正

견지법하사 영득오해하여 면어중고케하소서
見之法 令得悟解 免於衆苦

불언선재선재라 무애보살이여 여대
佛言善哉善哉 無碍菩薩 汝大

자비로 위제사견중생하여 문어여래정
慈悲 爲諸邪見衆生 問於如來正

견지법(見之法)의 불가사의(不可思議)하니 여등(汝等)은 제청(諦聽)하고 선(善)

사념지(思念之)하라 오당위여(吾當爲汝)하여 분별해설천지(分別解說天地)

팔양지경(八陽之經)하리라 차경(此經)은 과거제불(過去諸佛)이 이설(已說)하시고

미래제불(未來諸佛)이 당설(當說)하시며 현재제불(現在諸佛)이 금설(今說)하시니라

부천지지간(夫天地之間)에 위인(爲人)이 최승최상(最勝最上)하야 귀(貴)

어일체만물(於一切萬物)하나니 인자(人者)는 정야(正也)며 진야(眞也)라

심무허망(心無虛妄)하여 신행정진(身行正眞)이니 좌별위정(左ノ爲正)이요

우불위진(右乀爲眞)이라 상행정진(常行正眞)할새 고명위인(故名爲人)이니라

시지(是知)하라 인능홍도(人能弘道)하며 도이윤신(道以潤身)하나니 의도(依道)

의인(依人)하면 개성성도(皆成聖道)하리라

부차무애보살(復次無碍菩薩)이여 일체중생(一切衆生)이 기득인(旣得人)

신(身)하여 불능수복(不能修福)하고 배진향위(背眞向僞)하여 조종종(造種種)

악업(惡業)타가 명장욕종(命將欲終)에 침륜고해(沈淪苦海)하여 수종(受種)
종죄(種罪)하나니 약문차경(若聞此經)하고 신심불역(信心不逆)하면 즉득(卽得)
해탈제죄지난(解脫諸罪之難)하여 출어고해(出於苦海)하며 선신(善神)이
가호(加護)하여 무제장애(無諸障礙)하고 연년익수(延年益壽)하여 이무(而無)
횡요(橫夭)하나니 이신력고(以信力故)로 획여시복(獲如是福)이어늘 하황(何況)
유인(有人)이 진능서사(盡能書寫)하고 수지독송(受持讀誦)하며 여법(如法)

수행(修行)가 기공덕(其功德)은 불가칭(不可稱)이며 불가량(不可量)이며 무(無)
유변제(有邊際)하여 명종지후(命終之後)에 병득성불(並得成佛)하리라
불고무애보살마하살(佛告無碍菩薩摩訶薩)대하사 약유중생(若有衆生)이
신사도견(信邪倒見)하여 즉피사마외도(卽被邪魔外道)와 이매망량(魑魅魍魎)
과 조명백괴(鳥鳴百怪)와 제악귀신(諸惡鬼神)이 경래뇌란(競來惱亂)하여
여기횡병(與其橫病)호되 악종악주악오(惡腫惡疰惡忤)로 수기통(受其痛)

고(苦)하여 무유휴식(無有休息)이라도 우선지식(遇善知識)하야 위독차(爲讀此)

경삼편(經三遍)하면 시제악귀(是諸惡鬼)가 개실소멸(皆悉消滅)하여 병(病)

즉제유(則除愈)하여 신강력족(身强力足)하나니 독경공덕(讀經功德)으로 획(獲)

여시복(如是福)하나니라 약유중생(若有衆生)이 다어음욕(多於淫欲)하며 진(瞋)

에우치(恚愚癡)하며 간탐질투(慳貪疾妬)라도 약견차경(若見此經)하고 신(信)

경공양(敬供養)하며 즉독차경삼편(卽讀此經三遍)하면 우치등악(愚癡等惡)이

병개제멸(並皆除滅)하며 자비희사(慈悲喜捨)로 득불법분(得佛法分)이니라

부차무애보살(復次無碍菩薩)이여 약선남자선여인(若善男子善女人)이

흥유위법(興有爲法)하되 선독차경삼편(先讀此經三遍)하고 축장동토(築墻動土)하며

안립가택(安立家宅)하되 남당북당(南堂北堂)과 동서서서(東序西序)와

주사객옥(廚舍客屋)과 문호정조(門戶井竈)와 대애고장(碓磑庫藏)과

육축난혼(六畜欄溷)하면 일유월살(日遊月殺)과 장군태세(將軍太歲)와

황번표미(黃幡豹尾)와
주작현무(朱雀玄武)와
토위복용(土尉伏龍)과
원병타방(遠迸他方)하고
심대길리(甚大吉利)하여
선남자(善男子)야

오토지신(五土地神)과
육갑금휘(六甲禁諱)와
일체귀매(一切鬼魅)가
형소영멸(形消影滅)하여
득복무량(得福無量)하리라
흥공지후(興功之後)에

청룡백호(青龍白虎)와
십이제신(十二諸神)과
개실은장(皆悉隱藏)하여
불감위해(不敢爲害)하며
당사영안(堂舍永安)하고

옥택(屋宅)이 뇌고(牢固)하며 부귀길창(富貴吉昌)하여 불구자득(不求自得)하며

약욕원행종군(若欲遠行從軍)커나 사환흥생(仕宦興生)하면 심득의리(甚得宜利)하여

문흥인귀(門興人貴)하며 백자천손(百子千孫)으로 부자자효(父慈子孝)하며

남충여정(男忠女貞)하며 형공제순(兄恭弟順)하고 부처화목(夫妻和睦)하며

신의독친(信義篤親)하고 소원성취(所願成就)하리라 약유중생(若有衆生)이 홀(忽)

피현관구계(被縣官拘繫)하여 도적견만(盜賊牽挽)이라도 잠독차경(暫讀此經)

삼편하면 즉득해탈하리라
三遍 卽得解脫

약유선남자와 선여인이 수지독송하고
若有善男子 善女人 受持讀誦

위타인하야 서사천지팔양경자는 설입수
爲他人 書寫天地八陽經者 設入水

화라도 불피분표하고 혹재산택이라도 호랑이
火 不被焚漂 或在山澤 虎狼

병적하여 불감박서하며 선신이 위호하여 성
屛跡 不敢搏噬 善神 衛護 成

무상도하리라 약부유인이 다어망어기어와
無上道 若復有人 多於妄語綺語

악구양설(惡口兩舌)이라도 약능수지독송차경(若能受持讀誦此經)하면

영제사과(永除四過)하고 득사무애변(得四無碍辯)하여 이성불도(而成佛道)하며

약선남자선여인등(若善男子善女人等)이 부모유죄(父母有罪)하여 임종(臨終)

지일(之日)에 당타지옥(當墮地獄)하여 수무량고(受無量苦)라도 기자(其子)

즉위독송차경칠편(卽爲讀誦此經七遍)하면 부모즉리지옥(父母卽離地獄)하고

이생천상(而生天上)하여 견불문법(見佛聞法)하고 오무생인(悟無生忍)하야

이성불도(以成佛道)하리라

불고무애보살(佛告無碍菩薩)하사대 비바시불시(毘婆尸佛時)에 유(有)

우바새우바이(優婆塞優婆夷)하여 심불신사(心不信邪)하고 경숭불(敬崇佛)

법(法)하며 서사차경(書寫此經)하여 수지독송(受持讀誦)하되 수작즉(須作卽)

작(作)하고 일무소문(一無所聞)하며 이정신고(以正信故)로 겸행보(兼行布)

시(施)하되 평등공양(平等供養)하고 득무루신(得無漏身)으로 성보리(成菩提)

도(道)하니 호왈보광여래응정등각(號曰普光如來應正等覺)이라 겁명(劫名)은

대만(大滿)이요 국호(國號)는 무변(無邊)이며 단시인민(但是人民)이 행(行)

보살도(菩薩道)하되 무소득법(無所得法)이라하니

부차무애보살(復次無碍菩薩)이여 차천지팔양경(此天地八陽經)이

행염부제(行閻浮提)하면 재재처처(在在處處)에 유팔보살(有八菩薩)과 제(諸)

범천왕(梵天王)과 일체명령(一切明靈)이 위요차경(圍繞此經)하고 향화(香華)

공양(供養)하여 여불무이(如佛無異)하시니라

불고무애보살마하살(佛告無礙菩薩摩訶薩)하사대 약선남자(若善男子)

선여인등(善女人等)이 위제중생(爲諸衆生)하여 강설차경(講說此經)하면

심달실상(深達實相)하여 득심심리(得甚深理)하되 즉지신심(卽知身心)이

불신법심(佛身法心)이라 소이능지즉지혜(所以能知卽知慧)니 안상(眼常)

견종종무진색(見種種無盡色)하되 색즉시공(色卽是空)이요 공즉시(空卽是)

색(色)이라 수상행식(受想行識)도 역공(亦空)하나니 즉시묘색신(卽是妙色身)

여래(如來)며 이상문종종무진성(耳常聞種種無盡聲)하되 성즉시(聲卽是)

공(空)이요 공즉시성(空卽是聲)이라 즉시묘음성여래(卽是妙音聲如來)며

비상후종종무진향(鼻常嗅種種無盡香)하되 향즉시공(香卽是空)이요 공(空)

즉시향(卽是香)이라 즉시향적여래(卽是香積如來)며 설상요종(舌常了種)

종무진미(種無盡味)하되 미즉시공(味卽是空)이요 공즉시미(空卽是味)라

즉시법희여래(卽是法喜如來)며 신상각종종무진촉(身常覺種種無盡觸)호되

촉즉시공(觸卽是空)이요 공즉시촉(空卽是觸)이라 즉시지승여(卽是智勝如)

래(來)며 의상사상분별종종무진법(意常思想分別種種無盡法)호되 법즉(法卽)

시공(是空)이요 공즉시법(空卽是法)이라 즉시법명여래(卽是法明如來)니라

선남자(善男子)야 차육근(此六根)이 현현(顯現)호되 인개구상(人皆口常)

설기선어(說其善語)하여 선법상전(善法常轉)하면 즉성성도(卽成聖道)나

설기사어하여 악법상전하면 즉타지옥하나니
說其邪語 惡法常轉 即墮地獄

선남자야 선악지리를 부득불신가 선남
善男子 善惡之理 不得不信 善男

자야 인지신심이 시불법기며 역시십이
子 人之身心 是佛法器 亦是十二

부대경권야어늘 무시이래로 전독부진하여
部大經券也 無始已來 轉讀不盡

불손호모하나니 여래장경은 유식심견성자
不損毫毛 如來藏經 唯識心見性者

지소능지요 비제성문범부의 소능지야
之所能知 非諸聲聞凡夫 所能知也

니라

선남자(善男子)야 독송차경(讀誦此經)하여 심해진리(深解眞理)하면

즉지신심(卽知身心)이 시불법기(是佛法器)와어니 약취미불성(若醉迷不醒)하면

불요자심(不了自心)이 시불법근본(是佛法根本)하고 유랑제취(流浪諸趣)하여

타어악도(墮於惡道)하고 영침고해(永沈苦海)하여 불문불법명(不聞佛法名)

자(字)하리라

이시(爾時)에 오백천자(五百天子)가 재대중중(在大衆中)하여 문불(聞佛)

소설하고 득법안정하여 개대환희하며 즉발
所說 得法眼淨 皆大歡喜 卽發

무등등아뇩다라삼먁삼보리심하니라
無等等阿耨多羅三藐三菩提心

무애보살이 부백불언하사대 세존이시여 인지
無碍菩薩 復白佛言 世尊 人之

재세에 생사위중이나 생불택일하고 시지즉
在世 生死爲重 生不擇日 時至卽

생하며 사불택일하고 시지즉사어늘 하인빈
生 死不擇日 時至卽死 何因殯

장하여 즉문양신길일하고 연시빈장하되 빈
葬 卽問良辰吉日 然始殯葬 殯

장지후(葬之後)에 환유방해(還有妨害)하며 빈궁자다(貧窮者多)하고 멸(滅)

문자불소(門者不少)니까 유원세존(唯願世尊)이시여 위제사견무(爲諸邪見無)

지중생(知衆生)하사 설기인연(說其因緣)하사 영득정견(令得正見)하고 제(除)

기전도(其顚倒)하소서

불언선재선재(佛言善哉善哉)라 선남자(善男子)야 여실심능(汝實甚能)

문어중생(問於衆生)의 생사지사(生死之事)와 빈장지법(殯葬之法)하고

여등제청(汝等諦聽)하라 당위여설지혜지리(當爲汝說智慧之理)와 대도(大道)

지법(之法)하리라 부천지광대청(夫天地廣大淸)하며 일월광장명(日月廣長明)하며

시년선선미(時年善善美)하여 실무유이(實無有異)니라 선남자(善男子)야

인왕보살(人王菩薩)이 심대자비(甚大慈悲)하여 민념중생(愍念衆生)하되

개여적자(皆如赤子)하며 하위인주(下爲人主)하여 작민부모(作民父母)하되

순어속인(順於俗人)하여 교민속법(敎民俗法)하며 유작역일(遺作曆日)하여

반하천하(頒下天下)하여 영지시절(令知時節)이어늘 위유만평성(爲有滿平成)

수개제지자(收開除之字)와 집위파살지문(執危破殺之文)이라 우인(愚人)은

의자신용(依字信用)하여 무불면기흉화(無不免其凶禍)하며 우사사(又使邪)

사(師)로 압진설시도비(壓鎭說是道非)하여 만구사신(謾求邪神)하며 배(拜)

아귀(餓鬼)하여 각초앙자수고(却招殃自受苦)하나니 여시인배(如是人輩)는

반천시(反天時)하고 역지리(逆地理)하여 배일월지광명(背日月之光明)하고

상투암실(常投暗室)하며 위정도지광로(違正道之廣路)하여 항심사(恒尋邪)

경(逕)이라 전도지심야(顚倒之甚也)니라 선남자(善男子)야 산시(産時)에

독송차경삼편(讀誦此經三遍)하면 아즉이생(兒則易生)하고 심대길(甚大吉)

리(利)하며 총명이지(聰明利智)하고 복덕구족(福德具足)하며 이부중(而不中)

요(天)하나니라 사시(死時)에 독송차경삼편(讀誦此經三遍)하면 일무방(一無妨)

해(害)하고 득복무량(得福無量)하리라

선남자(善男子)야 일일호일(日日好日)이며 월월호월(月月好月)이며

연년호년(年年好年)이며 실무간격(實無間隔)이니 단판즉수빈(但辦卽須殯)

장(葬)하고 빈장지일(殯葬之日)에 독송차경칠편(讀誦此經七遍)하면 심(甚)

대길리(大吉利)하여 획복무량(獲福無量)하고 문영인귀(門榮人貴)하고 연(延)

년익수(年益壽)하며 명종지일(命終之日)에 병득성성(並得成聖)하리라

선남자(善男子)야 빈장지지(殯葬之地)에 막문동서남북(莫問東西南北)

안온지처(安穩之處)니 인지애요(人之愛樂)은 귀신애낙(鬼神愛樂)이라

즉독차경삼편(卽讀此經三遍)하고 변이수영(便以修營)하며 안치묘(安置墓)

전(田)하면 영무재장(永無災障)하고 가부인흥(家富人興)하여 심대길(甚大吉)

리(利)하리라

이시(爾時)에 세존(世尊)이 욕중선차의(欲重宣此義)하사 이설(而說)

게언(偈言)하사대

영생선선일(營生善善日)이며 휴빈호호시(休殯好好時)라
생사독송경(生死讀誦經)하면 심득대길리(甚得大吉利)니라
월월선명월(月月善明月)이요 연년대호년(年年大好年)이라
독경즉빈장(讀經卽殯葬)하면 영화만대창(榮華萬代昌)이니라
이시중중(爾時衆中)에 칠만칠천인(七萬七千人)이 문불소설(聞佛所說)하고
심개의해(心開意解)하여 사사귀정(捨邪歸正)하며 득불법분(得佛法分)하고

영단의혹(永斷疑惑)하고 개발아뇩다라삼먁삼보(皆發阿耨多羅三藐三菩)

리심(提心)하니 무애보살(無礙菩薩)이 부백불언(復白佛言)하사대

세존(世尊)이시여 일체범부(一切凡夫)가 개이혼구(皆以婚媾)로 위친(爲親)하되

선문상의(先問相宜)하고 후취길일(後取吉日)하여 연시성친(然始成親)이나

성친지후(成親之後)에 부귀해로자소(富貴偕老者少)하고 빈궁생(貧窮生)

리사별자다(離死別者多)하니 일종신사(一種信邪)로 여하이유(如何而有)

차별(差別)이닛고 유원세존(唯願世尊)이시여 위결중의(爲決衆疑)하소서

불언(佛言)하사대 선남자(善男子)야 여등제청(汝等諦聽)하라 당위(當爲)

여설(汝說)하리라 부천양지음(夫天陽地陰)하며 월음일양(月陰日陽)하며 수(水)

음화양(陰火陽)하며 남양여음(男陽女陰)이니 천지기합(天地氣合)하여 일(一)

체초목(切草木)이 생언(生焉)하고 일월(日月)이 교운(交運)하여 사시(四時)

팔절(八節)이 명언(明焉)하고 수화상승(水火相承)하여 일체만물(一切萬物)이

숙언하고 남녀윤해하여 자손이 흥언하나니 개
熟焉 男女允諧 子孫 興焉 皆

시천지상도요 자연지리며 세제지법이니라
是天地常道 自然之理 世諦之法

선남자야 우인은 무지하여 신기사사하며
善男子 愚人 無智 信其邪師

복문망길하여 이불수선하고 조종종악업이라가
卜問望吉 而不修善 造種種惡業

명종지후에 부득인신자는 여지갑상토하고
命終之後 復得人身者 如指甲上土

타어지옥하여 작아귀축생자는 여대지토니라
墮於地獄 作餓鬼畜生者 如大地土

선남자(善男子)야 부득인신(復得人身)하여 정신수선자(正信修善者)는

여지갑상토(如指甲上土)하고 신사조악업자(信邪造惡業者)는 여대(如大)

지토(地土)니라 선남자(善男子)야 욕결혼친(欲結婚親)인댄 막문수(莫問水)

화상극(火相剋)과 포태상압(胞胎相壓)과 연명부동(年命不同)하고 유간(唯看)

녹명서(祿命書)하여 즉지복덕다소(卽知福德多少)하여 이위권속(以爲眷屬)하고

호영지일(呼迎之日)에 즉독차경삼편(卽讀此經三遍)하여 이이성(而以成)

례(禮)하면 차내선선상잉(此乃善善相仍)하고 명명상속(明明相屬)하여 문(門)
고인귀(高人貴)하며 자손흥성(子孫興盛)하며 총명이지(聰明利智)하고 다(多)
재다예(才多藝)하며 효경상승(孝敬相承)하고 심대길리(甚大吉利)하여 이(而)
부중요(不中夭)하며 복덕구족(福德具足)하고 개성불도(皆成佛道)하리라
시(時)에 유팔보살(有八菩薩)하니 승불위신(承佛威信)하여 득대(得大)
총지(總持)하며 상처인간(常處人間)하여 화광동진(和光同塵)하고 파사(破邪)

입정(立正)하며 도사생처팔해(度四生處八解)하되 이불자이(而不自異)하니
기명왈발타라보살누진화(其名曰跋陀羅菩薩漏盡和)며 나린갈보(羅隣竭菩)
살누진화(薩漏盡和)며 교목도보살누진화(憍目兜菩薩漏盡和)며 나라(那羅)
달보살누진화(達菩薩漏盡和)며 수미심보살누진화(須彌深菩薩漏盡和)며
인저달보살누진화(因抵達菩薩漏盡和)며 화륜조보살누진(和輪調菩薩漏盡)
화(和)며 무연관보살누진화(無緣觀菩薩漏盡和)니라

시(是)에 팔보살(八菩薩)이 구백불언(俱白佛言)하사대 세존(世尊)하

아등(我等)이 어제불소(於諸佛所)에 수득다라니신주(受得陀羅尼神呪)하오니

이금설지(而今說之)하여 옹호수지독송천지팔양(擁護受持讀誦天地八陽)

경자(經者)하여 영무공포(永無恐怖)케하며 사일체불선지물(使一切不善之物)로

부득침손독경법사(不得侵損讀經法師)케하리니라

즉(卽) 어불전(於佛前)에 이설주왈(而說呪曰)

아거니 이거니 아비라 만례만다례 (阿去尼 尼去尼 阿毘羅 曼隷曼多隷)

세존하 약유불선자가 욕래뇌법사라도 (世尊 若有不善子 欲來惱法師)

문아설차주하면 두파작칠분하여 여아리 (聞我說此呪 頭破作七分 如阿梨)

수지이니이다 (樹枝)

이시에 무변신보살이 즉종좌기하여 전 (爾時 無邊身菩薩 卽從座起 前)

백불언하사대 세존하이시여 운하명위천지팔양 (白佛言 世尊 云何名爲天地八陽)

경(經)이닛고 유원세존(惟願世尊)은 위제청중(爲諸聽衆)하여 해설기(解說其)

의(義)하사 영득각오(令得覺悟)하여 속달심본(速達心本)하고 입불지(入佛知)

견(見)하여 영단의회(永斷疑悔)케하소서 불언(佛言)하사대 선재선재(善哉善哉)라

선남자(善男子)야 여등(汝等)은 제청(諦聽)하라 오금위여(吾今爲汝)하여

분별해설천지팔양지경(分別解說天地八陽之經)하리라 천자(天者)는 양(陽)

야(也)요 지자(地者)는 음야(陰也)며 팔자(八者)는 분별야(分別也)요

양자(陽者)는 명해(明解)야니 명해대승무위지리(明解大乘無爲之理)하여
요능분별팔식인연(了能分別八識因緣)이 공무소득(空無所得)이니라 우(又)
운팔식(云八識)은 위경(爲經)하고 양명(陽明)은 위위(爲緯)니 경위상(經緯相)
투(投)하여 이성경교(以成經敎)라 고(故)로 명팔양경(名八陽經)이니라
팔자(八者)는 시팔식(是八識)이니 육근(六根)이 시육식(是六識)이요
함장식(含藏識)과 아뢰야식(阿賴耶識)이 시명팔식(是名八識)이니라 명(明)

료(了)분(分)별(別)팔(八)식(識)근(根)원(源)이 공(空)무(無)소(所)유(有)하면 즉(卽)지(知)
양(兩)안(眼)은 시(是)광(光)명(明)천(天)이니 광(光)명(明)천(天)중(中)에 즉(卽)현(現)일(日)
월(月)광(光)명(明)세(世)존(尊)이요 양(兩)이(耳)는 시(是)성(聲)문(聞)천(天)이니 성(聲)
문(聞)천(天)중(中)에 즉(卽)현(現)무(無)량(量)성(聲)여(如)래(來)며 양(兩)비(鼻)는 시(是)
불(佛)향(香)천(天)이니 불(佛)향(香)천(天)중(中)에 즉(卽)현(現)향(香)적(積)여(如)래(來)며
구(口)설(舌)은 시(是)법(法)미(味)천(天)이니 법(法)미(味)천(天)중(中)에 즉(卽)현(現)법(法)

희여래신은 시노사나천이니 노사나천

중에 즉현성취노사나불과 노사나경상

불과 노사나광명불이며 의는 시무분별천이니

무분별천중에 즉현부동여래대광명불이며

심은 시법계천이니 법계천중에 즉현공왕

여래며 함장식천에 연출아나함경과 대

반열반경(般涅槃經)이며 아뢰야식천(阿賴耶識天)에 연출대지(演出大智)

도론경(度論經)과 유가론경(瑜伽論經)이니라 선남자(善男子)야 불즉(佛卽)

시법(是法)이며 법즉시불(法卽是佛)이니 합위일상(合爲一相)하여 즉현(卽現)

대통지승여래(大通智勝如來)니라

불설차경시(佛說此經時)에 일체대지(一切大地)가 육종진동(六種震動)하고

광조천지(光照天地)하여 무유변제(無有邊際)하고 호호탕탕(浩浩蕩蕩)하여

이무소명(而無所名)이라 일체유명(一切幽冥)은 개실명랑(皆悉明朗)하고

일체지옥(一切地獄)은 병개소멸(並皆消滅)하며 일체죄인(一切罪人)은 구(俱)

득이고(得離苦)니라

이시(爾時)에 대중지중(大衆之中)에 팔만팔천보살(八萬八千菩薩)이

일시성불(一時成佛)하니 호왈공왕여래응정등각(號曰空王如來應正等覺)이라

겁명(劫名)은 이구(離垢)요 국호(國號)는 무변(無邊)이니 일체인민(一切人民)이

개행보살육바라밀(皆行菩薩六波羅蜜)하되 무유피차(無有彼此)하며 증(證)
무쟁삼매(無諍三昧)하여 체무소득(逮無所得)하고 육만육천비(六萬六千比)
구비구니(丘比丘尼)와 우바새(優婆塞) 우바이(優婆夷)는 득대총(得大總)
지(持)하여 입불이법문(入不二法門)하고 무수천룡야차(無數天龍夜叉)와
건달바(乾闥婆)와 아수라(阿修羅)와 가루라(迦樓羅)와 긴나라(緊那羅)와
마후라가(摩睺羅伽)와 인비인등(人非人等)은 득법안정(得法眼淨)하여

행보살도(行菩薩道)라하니

선남자(善男子)야 약부유인(若復有人)이 득관등위지일(得官登位之日)과

급신입택지시(及新入宅之時)에 잠독차경삼편(暫讀此經三遍)하면 심(甚)

대길리(大吉利)하여 선신(善神)이 가호(加護)하고 연년익수(延年益壽)하여

복덕구족(福德具足)하나니 선남자(善男子)야 약독차경일편(若讀此經一遍)하면

여독일체경일편(如讀一切經一遍)이요 약사일권(若寫一卷)하면 여사(如寫)

일체경일부(一切經一部)라 기공덕(其功德)은 불가칭불가량(不可稱不可量)하며

등허공(等虛空)하여 무유변제(無有邊際)하야 성성도과(成聖道果)니라

부차무변신보살마하살(復次無邊身菩薩摩訶薩)이여 약유중생(若有衆生)이

불신정법(不信正法)하여 상생사견(常生邪見)이라가 홀문차경(忽聞此經)하고

즉생비방(卽生誹謗)하되 언비불설(言非佛說)하면 시인(是人)은 현세(現世)에

득백나병(得白癩病)하여 악창농혈(惡瘡膿血)이 변체교류(遍體交流)하며

성조취예(腥臊臭穢)를 인개증질(人皆憎嫉)타가 명종지일(命終之日)에

즉타아비무간지옥(卽墮阿鼻無間地獄)하여 상화철하(上火徹下)하고 하(下)

화철상(火徹上)하며 철창철차(鐵槍鐵叉)는 변체천혈(遍體穿穴)하며 융(融)

동관구(銅灌口)에 근골(筋骨)이 난괴(爛壞)하여 일일일야(一日一夜)에

만사만생(萬死萬生)으로 수대고통(受大苦痛)하여 무유휴식(無有休息)이니

방사경고(謗斯經故)로 획죄여시(獲罪如是)니라

불위죄인(佛爲罪人)하여 이설게언(而說偈言)하시고

신시자연신(身是自然身)이요 오체자연족(五體自然足)이며

장내자연장(長乃自然長)이요 노즉자연로(老則自然老)며

생내자연생(生乃自然生)이요 사즉자연사(死則自然死)라

구장부득장(求長不得長)이요 구단부득단(求短不得短)이니라

고락여자당(苦樂汝自當)하고 사정유여이(邪正由汝已)라

욕작유위공(欲作有爲功)인댄 독경막문사(讀經莫問師)하라

천천만만세(千千萬萬歲)에 득도전법륜(得道轉法輪)하니라

불설차경이(佛說此經已)하시니 일체대중(一切大衆)이 득미증(得未曾)

유(有)하여 심명의정(心明意淨)에 환희용약(歡喜踊躍)하며 개견제(皆見諸)

상비상(相非相)하고 입불지견(入佛知見)하고 오불지견(悟佛知見)하여

무입무오(無入無悟)하고 무지무견(無知無見)하여 부득일법(不得一法)이

즉열반락(卽涅槃樂)하니라

천지팔양신주경 종(天地八陽神呪經 終)

# 한글 천지팔양신주경

무비 스님

이렇게 법문하시는 것을 들었습니다。

한 때 부처님께서 비야달마성의 조용한 곳에 계시었습니다。 시방에서 따라다니던 사부대중이 부처님을 모시고 빙둘러 앉았습니다。 이때 무애보살이 대중 가운데 있다가 곧 자리에서 일어나 부처님을 향하여 합장하고 부처님께 여쭈었습니다。

『세존이시여、이 염부제 중생들이 대를 이어 서로 번갈아가며 출생하기를 옛적부터 지금까지 계속하여 끊이지 아니하였으나 유식한 이는 적고 무식한 이가 많으며、염불하는 이는 적고 잡신에게 구하는 이가 많으며、계행을 지키는 이는 적고 계행을 어기는 이가 많으며、꾸준히 정진하는 이는 적고 게으른 이가 많으며、지혜있는 이는 적고 어리석은 이가 많으며、장수하는 이는 적고 단명하는 이가 많으며、선정을 닦는 이는 적고 마음이 산란한 이가 많으며、

부귀한 이는 적고 빈천한 이가 많으며、온유한 이는 적고 뻗대는 이가 많으며、홍성하는 이는 적고 외로운 이가 많으며、정직한 이는 적고 아첨하는 이가 많으며、청렴하고 삼가하는 이는 적고 탐내고 흐릿한 이가 많으며、보시하는 이는 적고 인색한 이가 많으며、미덥고 진실한 이는 적고 허망하고 거짓된 이가 많으며、이 세상은 천박하고 관리들은 혹독하며、부역이 심하여 백성들은 궁핍하고 생활이 어려워서 구하는 바가 얻기 어려운 것은 진실로 사도를 믿고 소견이 잘못되었기 때문에 이와 같은 고통을 받는 듯 하옵니다。 바라옵건대 세존께서는 모든 소견이 잘못된 중생들을 위하여 올바른 법문을 말씀하시어 이들로 하여금 잘못된 것을 깨닫고 모두 고통을 벗어나게 해 주시옵소서。』

부처님께서 말씀하셨습니다。

『착하고 착하구나。 무애보살아、그대는 대자비로 그릇된 모든 중생들을 위하여 여래의 불가사의한 올바른 법을 물으니 너희들은 자세히 듣고 깊이 생각하여라。

내가 너희들을 위하여 <천지팔양경>을 분별하여 설명하리라。

이 경은 과거의 모든 부처님께서도 말씀하셨고、미래의 모든 부처님께서도 마땅히 말씀하실 것이며、현재 계신 모든 부처님들도 말씀하시리라。
이 하늘과 땅 사이에는 사람이 가장 수승하여 모든 만물 가운데서 가장 귀중하나니 사람이란 것은 바르고 참된 것이니라。 마음에는 허망함이 없고 몸은 바르고 참된 것을 행해야 하느니라。 왼쪽으로 삐친 획은 바름을 의미하며 오른쪽으로 그은 획은 참됨을 의미한다。 항상 바르고 참된 것을 행하므로 이름하여 사람(진인)이라 하느니라。 그러므로 사람은 능히 도를 넓히고、도는 몸을 윤택하게 하나니、도에 의지하고 사람(선지식)에 의지하면 모두 성인의 도를 이루나니라。

## 팔양경의 공덕과 위신력

또 무애보살아、모든 중생이 이미 사람의 몸을 얻었으면서 능히 복을 닦지 못하고 참됨을 등지고 거짓을 향해서 여러 가지 나쁜 업만을 짓다가 장차 수명이 다할 때 고생바다에 빠져서 여러가지 죄보를 받게 되나니、만일 이 경의 말씀을 듣고 믿는 마음으로 거역하지 아니하면 곧 모든 죄업에서 벗어나고 고생바다에서 뛰어나오게 되며、선신의 보호를 받아서 모든 장애가 없어지고 장수하게 되어 횡액과 일찍 죽는 일이 없어질 것이니 믿는 힘만으로도 이와 같은 복을 받는 것인데、하물며 어떤 사람이 이 경을 전부 쓰거나 받아서 지니거나 읽고 외워서 법답게 수행하면 그 공덕은 이루 말할 수 없고 헤아릴 수 없나니 목숨을 마친 뒤에는 모두 부처를 이루게 되느니라。』

부처님께서 무애보살마하살에게 말씀하셨습니다。

『만일 어떤 중생이 사도를 믿고 소견이 잘못되면 곧 마귀와 외도와 온갖 도깨비와 괴상한 새의 울음과 온갖 괴물과 악한 귀신이 다투어 쫓아와서 어지럽게 괴롭히며 횡악의 병을 주어 나쁜 종기나 전염병 등으로 쉴새없이 고통을 받게 될 것이니 선지식을 만나서 이 경을 세 번만 읽어 주면 이 모든 나쁜 귀신들은 모두 소멸되고 병이 나을 것이며、몸이 건강해져서 기운이 솟을 것이니 이 경을 읽은 공덕으로 이같은 복을 얻게 되느니라。

만일 어떤 중생이 음욕에 휩싸이고 노여워하거나 어리석고 탐욕스럽고 질투하는 마음이 많더라도 이 경전을 보고 믿고 신심으로 공경하고 공양하여 세 번만 읽으면 어리석음 등의 모든 악이 다 없어지고 자비를 베풀게 되므로 불법의 복을 얻게 되리라。

또한 무애보살아、만일 선남자 선여인이 모든 일을 행함에 있어、먼저 이 경을 세 번 읽고 나서 담을 쌓거나 터를 다지거나、집을 짓거나 안채나 바깥채나 동서의 행랑이나 부엌과 객실을 중수하거나 문을 내고 우물을 파거나 아궁이를 고치고 방아를 놓고 곳간을 짓고 짐승의 우리와 뒷간을 세우더라도 일유신과 월살귀와 장군태세와 황번표미와 오방의 토지신과 청룡백호와 주작 현무와 육갑금휘와 십이제신과 토위복룡과 일체귀매 등이 모두 숨거나 멀리 다른 곳으로 도망가며 형상과 그림자까지도 소멸되어 감히 해치지 못할 것이며 모든 일이 대길해져서 한량없는 복을 얻게 되느니라。

선남자야、공을 세운 뒤에는 집안이 편안하고 가옥이 견고하며 부귀영화를 구하지 아니하여도 저절로 이루어지며、만일 멀리 가거나 군에 입대하거나 벼슬을 구하거나 장사를 하여도 이익을 많이 얻고、가문이 흥해져서 사람을 귀히 여기며、백자천손에 아비는 사랑하고 자식은 효도하고 남자는 충성하고 여자는 정결하고 형은 우애롭고 아우는 공순하며 부부는 화목하고 친척간에는 신의가 두터워서 소원성취가 이루어질 것이다。

만일 어떤 중생이 갑자기 옥중에 감금되거나 도적에게 붙잡혔더라도 이 경을 잠깐 세 번만 읽으면 즉시 풀려나게 되느니라。

만일 선남자 선여인이 이 천지팔양경을 받아지니거나 읽고 외우거나 다른 사람을 위하여 쓴 사람은 설사 불과 물에 들어가더라도 타거나 떠내려가지 않을 것이며 혹시 험한 산속에 가더라도 호랑이나 이리가 자취를 감추고 감히 할퀴거나 물지 못하게 선신이 호위해서 무상도를 이루게 하나니라。

또 어떤 사람이 거짓말과 발림말과 욕설과 이간질하는 말을 많이 하더라도 능히 이 경을 받아지녀 읽고 외우면 네 가지 허물이 모두 없어지고 네 가지 걸림없는 변재를 얻어서 불도를 이룰 것이다。

만일 선남자 선여인의 부모가 죄를 짓고 죽어서 지옥에 떨어져서 수많은 고통을 받게 되더라도 그 자식이 이 경을 일곱 번만 읽으면 그 부모가 곧 지옥에서 풀려나서 천상에 태어날 것이며 부처님을 뵙고 법문을 듣고 불생불멸의 법을 깨달아서 불도를 성취할 것이니라。』

부처님께서 무애보살에게 말씀하셨습니다。

『비바시 부처님때에 우바새 우바이가 사교를 믿지 않고 불법을 숭상하며 이 경을 쓰고 배우고 지니고 외우며 할 일을 다하면서도 한 번도 의심없이 바른 믿음으로 보시를 행하고 평등하게 공양하고 정결한 몸을 얻어서 부처를 이루었으니 그 이름이 보광여래응정등각이라 하였다。 그 겁명은 대만이요 국호는 무변이며 백성들이 다만 보살도를 행하였을 뿐이며 얻은 법은 없었느니라。

또 무애보살아、 이 천지팔양경이 염부주에서 행해지면 곳곳마다 팔보살과 모든 범천왕과 온갖 밝은 신명들이 이 경을 둘러싸고 향과 꽃으로 공양하기를 부처님과 같이 하느니라。』

## 대승의 지혜관

부처님이 무애보살마하살에게 말씀하셨습니다。

『만일 선남자 선여인이 모든 중생을 위하여 이 경을 강론하여 실상을 통달하고 깊은 이치를 얻으면 이 몸과 마음이 곧 부처님의 몸이요 그 마음이 바로 불법의 마음임을 알 것이다。 이러한 까닭을 능히 아는 것이 곧 지혜인 것이니 눈으로는 항상 온갖 색을 보거든 색이 곧 공이요, 공이 곧 색이라 수상행식도 또한 공하니 이는 곧 묘색신여래며, 귀로는 항상 온갖 소리를 듣거든 소리가 곧 공이요, 공이 곧 소리이니 이는 곧 묘음성여래며, 코로는 항상 온갖 냄새를 맡거든 냄새가 곧 공이요, 공이 곧 냄새이니 이는 곧 향적여래며, 혀로는 항상 온갖 맛을 보거든 맛이 곧 공이요, 공이 곧 맛이니 이는 곧 법희여래며, 몸으로는 항상 온갖 감촉을 느끼거든 감촉이 곧 공이요, 공이 곧 감촉이니 이는 곧 지승여래며, 뜻으로는 항상 온갖 법을 생각하며 분별하거든 법이 곧 공이요、공이 곧 법이니 이는 곧 법명여래니라。

선남자야、이 육근이 뚜렷하게 나타나되 사람들이 모두 입으로 항상 착한 말을 설하여 항상 착한 법을 행하면 곧 성인의 도를 이룰 것이나 나쁜 말을 설하여 항상 나쁜 법을 행하면 곧 지옥에 떨어지나니 선남자야、선하고 나쁜 이치를 믿어야 하느니라。

선남자야、사람의 몸과 마음이 불법의 그릇이며 또한 십이부의 큰 경전이거늘 아득한 옛적부터 현재까지 읽었으나 다 읽지 못하였으며、터럭만치도 건드리지 못하였으니 이 여래장경은 오직 마음을 알고 성품을 본 사람만이 능히 알 것이며、모든 성문이나 범부들은 능히 알지 못하느니라。

선남자야、이 경을 읽고 외워서 진리를 깊이 알게 되면 곧 몸과 마음이 불법의 그릇임을 알지만 만일 술에 취해서 깨지 못하면 자기의 마음이 불법의 근본임을 알지 못하고 육취중생계를 방황하면서 나쁜 길에 떨어져 영원히 고통의 바다에 빠지게 되어 불법의 이름도 듣지 못하느니라。』

이 때에 대중 가운데 있던 오백천자가 부처님의 말씀을 듣고 법안이 밝아짐을 얻고 모두 대단히 즐거워하면서 그 즉시로 무등등 아뇩다라삼먁삼보리심을 일으켰습니다。

## 세간의 생사영위법문

무애보살이 또 부처님께 여쭈었습니다。

『세존이시여、사람이 이 세상에 살아가는 동안에 낳고 죽는 것이 소중하거늘 태어날 때 택일을 하지 않고 때가 되면 태어나고、죽을 때에도 택일을 하지 않고 때가 되면 곧 죽는데、어찌하여 초빈하거나 장사지낼 때에는 길일을 택해서 이렇게 초빈하고 장사를 지내면서도 그렇게 한 뒤에는 오히려 해가 되어 가난한 사람이 많고 가문이 멸망하는 일까지 또한 적지 아니하오니 원하옵건대 세존이시여、모든 그릇된 소견의 무지한 중생을 위하여 그 인연을 말씀하시어 올바른 소견을 가지고 그 뒤바뀐 소견을 없게 하여 주시옵소서。』

부처님께서 말씀하시었습니다。

『착하고 착하다。 선남자야、너희가 실로 심오한 중생들의 낳고 죽는 일과 초빈과 장사지내는 법을 능히 물으니 자세히 들으라。

마땅히 너희들을 위하여 지혜로운 이치와 대도의 법을 말하리라。

대저 하늘과 땅은 넓고 깨끗하며 해와 달은 항상 밝아서 어느 해나 어느 시

간이나 가득하고 훌륭하고 아름답기만 하니라。

선남자야, 인왕보살이 매우 자비하여 중생들을 불쌍히 여기시기를 아이처럼 여겨서 사람들의 임금이 백성들의 부모가 되었을 때 세속 사람들과 더불어 살며 사람들에게 세속법을 가르쳤다。 그리고 책력을 만들어서 천하에 반포하여 절후를 알게 하였다。 만·평·성·수·개·제·집·위·파·살이란 열 개의 글자가 있어서, 어리석은 사람들은 글자대로만 믿으면 흉화를 면하는 줄로만 알고 있으며, 또는 사도를 하는 사람들은 이것을 부연해서 옳고 그름을 부질없이 사신에게 구하고, 아귀에게 절을 함으로써 도리어 재앙을 초래하여 스스로 고통을 받느니라。 이와 같은 사람들은 천시를 위반하고 지리를 거역하며 해와 달의 광명을 등지고 항상 어두운 곳에 빠져 있으며 바른 길인 넓은 길을 버리고 항상 잘못된 길을 찾는 것이니 잘못된 소견이 심한 것이니라。

선남자야, 아이를 낳으려 할 때 이 경을 세 번만 독송하면 아이를 순산하고 크게 길할 것이며, 총명하고 영리하고 지혜롭고 복덕이 풍성하며, 일찍 죽지 않느니라。 죽을 때에도 이 경을 세 번만 독송하면 조금도 방해됨이 없고 한량없는 복을 얻느니라。

선남자야, 날마다 좋은 날이며 달마다 좋은 달이며 해마다 좋은 해로라。 진실로 막힐 것이 없으니 준비만 되어 있으면 어느 때나 초빈하고 장사를 지내고、초빈과 장사를 지내는 날에 이 경을 일곱 번만 독송하면 크게 길하고 이로워서 한량없는 복을 얻을 것이며 가문이 영화롭고 사람이 귀하게 되며 수명이 길어져 장수하고 임종할 때에는 아울러 성인이 될 것이니라。

선남자야、초빈과 장사를 지내는 곳에 동서남북의 안온한 자리를 묻지 말라。사람이 좋아하는 곳이면 귀신도 좋아하고 즐거워하나니라。이 경을 세 번만 읽고 바로 묘자리를 보고 안치하면 영원히 재앙이 없어지고 집이 부유해지며 사람이 번성해져 크게 길하고 이로울 것이다。』

이 때에 세존께서 이 뜻을 거듭 펴고자 게송으로 말씀하셨습니다。

『삶을 영위할 때가 좋은 날이며
죽어 장사지내는 그 날마저 좋은 때이니
낳고 죽을 때에 이 경을 독송하면
크게 길함을 얻으리라
달마다 좋은 달이요
해마다 좋은 해도다
이 경을 세 번 읽고 장사 지내면

천추만대에 영화롭고 창성하리라。』

이 때에 대중 가운데 천만천인이 부처님의 말씀을 듣고 마음이 열리고 뜻이 티여 사도를 버리고 바른 데로 돌아와서 불법을 얻어지녀 의혹을 영원히 끊어버리고 모두 아뇩다라삼먁삼보리심을 일으켰습니다。

## 결혼에 대하여

무애보살이 다시 부처님께 여쭈었습니다。

『세존이시여、모든 남녀들이 결혼할 때에 먼저 서로가 결혼하여도 좋은지를 묻은 다음에 길일을 택해서 결혼함으로써 비로소 부부가 되어 가정을 이룹니다。 그러나 결혼한 다음에 부귀하여 해로하는 이는 적고 빈궁하게 살다가 이별하거나 사별하는 이가 많나이다。 삿된 말을 믿기는 똑같거늘 어찌하여 이러한 차별이 있습니까? 원컨대 세존이시여、대중의 의문을 풀어 주시옵소서。』

부처님께서 말씀하셨습니다。

『선남자야、너희들은 자세히 들어라。 마땅히 너희를 위하여 설명하리라。

하늘은 양이요 땅은 음이며、해는 양이요 달은 음이며、불은 양이요 물은 음이며、남자는 양이요 여자는 음이니、하늘과 땅의 기운이 합하여 온갖 초목이 생기고、해와 달이 서로 교운하여 사시와 팔절이 분명하고、물과 불이 서로 순수하여서 온갖 만물이 성숙하며、남녀가 서로 화해서 자손이 생기나니 이는 다 천지의 떳떳한 도로 자연의 이치며 세상의 법이니라。

선남자야、어리석은 사람은 지견이 없어서 사도하는 사람을 믿어 점치고 굿을 하여 길함을 바라면서 착한 것은 닦지 않고 여러가지 나쁜 짓만 하다가 죽은 후에 다시 사람으로 태어나는 사람은 마치 손톱 위에 붙은 흙과 같이 적고 지옥에 떨어져서 아귀가 되거나 축생으로 생겨나는 이는 대지의 흙과 같이 많으니라。

선남자야、다시 사람으로 태어난 이들 중에도 바른 일을 믿고 선을 닦는 이는 손톱 위에 붙은 흙과 같으나 나쁜 도를 믿어 나쁜 짓을 하는 이는 대지의 흙과 같으니라。

선남자야、혼인을 하려고 할 때에도 수화상극과 포태상압과 나이와 명이 맞지 않음을 묻지 말고 다만 녹명서를 보아서 곧 복덕의 많고 적음을 알 수 있는 것이니 그것으로 권속을 삼아라。 친영하는 날에는 이 경을 세 번 읽어서 성례하면 바르고 좋은 일만이 항상 지속되고 광명이 서로 이어져 가문은 높아지고 사람이 귀하게 되며 자손이 창성하되 총명하고 지혜롭고 영리하여 재주와 예술이 많으며 효도와 공경이 대대로 이어져서 크게 길하고 이로울 것이요、명이 짧아서 요절하는 일이 없으며、복덕이 풍성해서 모두 불도를 이루리라。』

이 때에 여덟 보살이 부처님의 위신력을 받아서 대총지를 얻고도 항상 인간세상에 처해서 부처님의 위력으로 인간 세상과 함께 사도를 깨트리고 정도를 세워 사생을 제도하고 항상 팔해탈에 있으면서도 스스로를 달리하지 않았습니다。 그 이름이 발타라보살누진화、나린갈보살누진화、교목도보살누진화、나라달보살누진화、수미심보살누진화、인저달보살누진화、화륜조보살누진화、무연관보살누진화입니다。 이 여덟 보살이 동시에 부처님께 여쭈었습니다。

『세존이시여、저희들이 여러 부처님 처소에서 받은 다라니신주를 이제 발하여서 천지팔양경을 받아 지니고 읽고 외우는 사람들을 보호해서 공포가 영원히 없게 하겠으며 온갖 나쁜 것들로 하여금 이 독경 법사를 침해하지 못하도록 하겠나이다。』

그리고 곧 부처님 앞에서 주문을 외웠습니다。

「아거니 니거니 아비라 만례만다례。」

『세존이시여、만일 나쁜 자가 쫓아와서 법사를 괴롭히려 하면 나의 이 주문을 듣고는 머리가 일곱 쪽으로 깨어져서 아리수 나뭇가지와 같이 되게 하겠나이다。』

## 팔양경 명칭에 대하여

이 때에 무변신보살이 자리에서 일어나 앞으로 나가 부처님께 여쭈었습니다。

『세존이시여、어찌하여 이름을 천지팔양경이라 하옵니까?

세존이시여、원하옵건대 세존께서는 모든 대중을 위하여 그 뜻을 알려주시어 깨달음을 얻게 하여 속히 마음의 근본을 통달하고 불지견에 들어가서 의심을 영원히 끊게 하여 주옵소서。』

부처님께서 말씀하셨습니다。

『착하고 착하도다。 선남자야、너희들은 자세히 들으라。 내가 이제 너희들을 위해 천지팔양경의 뜻을 분별하여 설명하리라。

하늘(天)은 양이요、땅(地)은 음이며、팔(八)은 분별이요、양(陽)은 분명히 안다는 것이니、대승의 하염없는 이치를 바르게 헤아려 알아서 팔식인연이 공하여 얻을 것이 없음을 잘 분별하는 뜻이니라。

또 팔식(八識)은 날이 되고 양명(陽明)은 씨가 되어 날과 씨가 서로 맺어 경전을 이룸으로 팔양경이라고 하느니라。

팔은 팔식이니 육근인 육식과 함장식과 아뢰야식을 이름하여 팔식이라 하느니라。 팔식의 근원을 분명하게 분별하면 아무 것도 없이 공한 것이니 그러므로 두 눈이 곧 광명천이니 광명천 가운데에 곧 일월광명세존을 나타낸 것이며、두 귀는 성문천이니 성문천 가운데에 곧 무량성여래를 나타낸 것이며、코는 불향천이니 불향천 가운데에 곧 향적여래를 나타낸 것이며、입과 혀는 법미천이니 법미천 가운데에 곧 법희여래를 나타낸 것이며、몸은 노사나천이니 노사나천 가운데에 곧 노사나불과 노사나경상불과 노사나광명불을 성취하여 나타낸 것이며、뜻은 무분별천이니 무분별천 가운데에 곧 부동여래대광명불을 나타낸 것이며、마음은 법계천이니 법계천 가운데에 곧 공왕여래를 나타낸 것이며、함장식천에 아나함경과 대반열반경을 연출하며 아뢰야식천에 대지도론경과 유가론경을 연출한 것이니라。

선남자야、불은 곧 법이요、법은 곧 불이니 합해서 한 모양이 되어서 곧 대통지승여래를 나타낸 것이니라。』

## 결언

부처님께서 이 경을 말씀하실 때에 온통 대지가 여섯 가지로 진동하며 광명이 천지에 비추어 끝이 없어 호호탕탕하여 무어라고 이름할 수가 없었습니다。 모든 어둠이 다 밝아지고 온갖 지옥이 다 소멸하여 모든 죄인들이 함께 고통을 면하였습니다。

이 때 대중 가운데 팔만팔천보살이 함께 성불하였으니 이름은 공왕여래응정등각이고 겁명은 이구요、국호는 무변이니 온갖 백성들이 모두 보살의 육바라밀을 행하여 너나할 것없이 무쟁삼매를 증득하여 무소득에 이르렀으며、육만육천 비구、비구니、우바새、우바이들은 대총지를 얻어서 불이법문에 들어갔고、무수한 천룡、야차、건달바、아수라、가루라、긴나라、마후라、인비인 등은 법안이 깨끗함을 얻어서 보살도를 행하였습니다。

『선남자야、만일 다시 어떤 사람이 벼슬의 지위에 오르는 날이나 새로운 집에 들어갈 때 잠깐이라도 이 경을 세 번 읽으면 한없이 대길하여 선신이 보호하여 장수하게 되며 복덕이 풍성하리라。

선남자야、만일 이 경을 한 번만 읽어도 모든 경을 한 번 읽은 것과 같으며、만일 한 권만 베껴써도 모든 경을 한 번 쓴 것과 같아서 그 공덕은 말할 수 없으며 허공과 같이 끝이 없어 성인의 도과를 성취하리라。

또 무변신보살마하살이여、만일 어떤 중생이 정법을 믿지 않고 항상 잘못된 소견만 내다가 문득 이 경을 듣고 비방하여 부처님 말씀이 아니라고 말하면 이 사람은 금생에서 문둥병을 얻어 나쁜 창병으로 얽힌 피가 온몸에 철철 흐르며 악취를 풍겨서 사람들이 미워하며 임종하는 날에는 곧 아비무간지옥에 떨어져서 윗불이 아래로 내려 뿜고 아래불은 위로 올려 뿜으며 쇠창과 쇠작살로 온몸을 쑤시며 구리 녹인 물을 입에다 부어 힘줄과 뼈가 문드러져서 하루에 만 번 죽고 만 번 살아나는 큰 고통을 쉴새없이 받을 것이니、이 경을 비방한 탓으로 이와 같은 죄를 받느니라。』

부처님께서 죄인을 위해서 게송을 말씀하셨습니다。

『이 몸은 자연으로 생긴 몸이니

머리와 사지도 자연으로 갖추어졌고
자라는 것도 자연으로 자라고
늙는 것도 자연으로 늙으며
태어날 때에도 자연으로 생겨나고
죽을 때에도 자연으로 죽으며
키가 크기를 구해도 클 수 없고
적어지려 해도 적어질 수 없다。
즐거움도 괴로움도 스스로 받나니
잘못 되고 잘 되는 것도 네게 달렸으니
좋은 공덕 지으려거든 이 경을 읽어
천년만년 득도해서 법을 전하라。』
부처님께서 이 경을 다 말씀하시니、모든 대중이 아직까지 느껴본 적이 없는 기쁨을 얻어서 마음이 밝아지고 뜻이 깨끗해져서 기뻐서 뛰면서 모든 모양이 참모양이 아닌 줄을 보고 불지견에 들어가 불지견을 깨달았지만 들어간 것도 없고 깨달은 것도 없으며 아는 것도 없고 보는 것도 없어서 한 가지 법도 얻음이 없는 것이 곧 열반의 기쁨이니라。 끝

## ❁ 정성스럽게 쓰신 사경본 처리 방법 ❁

- 가보로 소중히 간직합니다.
- 본인이 지니고 독송용으로 사용합니다.
- 다른 분에게 선물합니다.
- 돌아가신 분을 위한 기도용 사경은 절의 소대에서 불태워 드립니다.
- 법당,불탑,불상 조성시에 안치합니다.

## 도서출판 窓 "무량공덕 사경" 시리즈

제1권 **반야심경** 무비스님 편저
제2권 **금강경** 무비스님 편저
제3권 **관세음보살보문품** 무비스님 편저
제4권 **지장보살본원경** 무비스님 편저
제5권 **천수경** 무비스님 편저
제6권 **부모은중경** 무비스님 편저
제7권 **목련경** 무비스님 편저
제8권 **삼천배 삼천불** 무비스님 편저
제9권 **보현행원품** 무비스님 감수
제10권 **신심명** 무비스님 편저
제11권 **불설아미타경** 무비스님 편저
제12권 **원각경보안보살장** 무비스님 편저
제13권 **천지팔양신주경** 무비스님 감수
제14권 **대불정능엄신주** 무비스님 편저
제15권 **예불문** 무비스님 편저(근간)
제16권 **백팔대참회문** 무비스님 편저(근간)
제17권 **미륵삼부경** 무비스님 편저(근간)
제18권 **화엄경약찬게** 무비스님 편저(근간)
제19권 **법성게** 무비스님 편저(근간)
제20권 **묘법연화경**(전7권) 무비스님 편저(근간)

## 도서출판 窓 "무량공덕 우리말 사경" 시리즈(근간)

제1권 **우리말 반야심경** 무비스님 편저
제2권 **우리말 금강경** 무비스님 편저
제3권 **우리말 관세음보살보문품** 무비스님 편저
제4권 **우리말 지장보살본원경** 무비스님 편저
제5권 **우리말 천수경** 무비스님 편저
제6권 **우리말 부모은중경** 무비스님 편저
제7권 **우리말 예불문** 무비스님 편저
제8권 **우리말 백팔대참회문** 무비스님 편저
제9권 **우리말 묘법연화경**(전7권) 무비스님 편저
제10권 **우리말 삼천배 삼천불** 무비스님 감수

## 도서출판 窓 "묘법연화경 한지 사경" 시리즈 무비스님 감수

제1권 **묘법연화경**(제1품, 제2품 )
제2권 **묘법연화경**(제3품, 제4품 )
제3권 **묘법연화경**(제5품, 제6품, 제7품)
제4권 **묘법연화경**(제8품, 제8품, 제9품, 제10품, 제11품, 제12품, 제13품)
제5권 **법연화경**(제14품, 제15품, 제16품, 제17품)
제6권 **묘법연화경**(제18품, 제19품, 제20품, 제21품, 제22품, 제23품)
제7권 **묘법연화경**(제24품, 제25, 제26품, 제27품, 제28품)

※표지: 비단표지, 본문: 고급국산한지

## ¤ "무량공덕 사경" 시리즈는 계속 간행됩니다.

☆ 법보시용으로 다량주문시 특별 할인해 드립니다.
☆ 원하시는 불경의 독송본이나 사경본을 주문하시면 정성껏 편집 · 제작하여 드립니다.

◈무비(如天 無比) 스님

· 전 조계종 교육원장.
· 범어사에서 여환스님을 은사로 출가.
· 해인사 강원 졸업.
· 해인사,통도사 등 여러 선원에서 10여년 동안 안거.
· 통도사,범어사 강주 역임.
· 조계종 종립 은해사 승가대학원장 역임.
· 탄허스님의 법맥을 이은 강백.
· 화엄경 완역 등 많은 집필과 법회 활동.

▶저서와 역서

· 『금강경 강의』, 『보현행원품 강의』, 『화엄경』, 『예불문과 반야심경』, 『반야심경 사경』 외 다수.

# 천지팔양신주경(대)

초판 6쇄 발행일 · 2024년 10월 15일
초판 6쇄 펴낸날 · 2024년 10월 25일
감 수 · 무비 스님
펴낸이 · 이규인
편 집 · 천종근
펴낸곳 · 도서출판 窓
등록번호 · 제15-454호
등록일자 · 2004년3월 25일

주소 · 서울특별시 마포구 대홍로4길 49 1층(용강동, 월명빌딩)
전화 · 322-2686, 2687/팩시밀리 · 326-3218
e-mail · changbook1@hanmail.net
홈페이지 · (http://www.changbook.co.kr )

ISBN 978-89-7453-179-9 04220
정가 7,500원

* 파손된 책은 구입하신 서점이나 《도서출판 窓》 에서 바꾸어 드립니다.

☞ 염화실(http://cafe.daum.net/yumhwasil)에서 무비스님의 강의를 들을 수 있습니다.